17K
13098

PLAINVILLE, par le Mesnil-St.-Firmin (Oise).

ŒUVRE DE SAINT-MICHEL

SOUS LE

HAUT PATRONAGE DE SA GRANDEUR

MGR Joseph-Armand GIGNOUX

ÉVÊQUE DE BEAUVAIS, NOYON ET SENLIS

Et sous la direction de M. l'abbé STERLIN, Curé de Plainville.

Ier COMPTE-RENDU DU PROGRÈS DE L'ŒUVRE.

AMIENS,
Imprimerie LEMER aîné, place Périgord, n.° 3.

1866.

BÉNÉDICTION

DE

NOTRE TRÈS-SAINT PÈRE LE PAPE PIE IX.

―――― ⋙◊⋘ ――――

Par une supplique en date du 12 Octobre 1866, j'exposais à Notre Très-Saint Père le Pape Pie IX, dans quel misérable état j'avais trouvé l'Eglise de ma paroisse, et comment à l'aide des aumônes de personnes pieuses et charitables de France ou de l'Etranger, j'avais commencé à la relever de ses ruines.

Je ne pouvais mieux vous témoigner ma reconnaissance, qu'en sollicitant pour vous et vos familles, la bénédiction de Sa Sainteté.

Par sa lettre du 12 Décembre 1866, Son Eminence Monseigneur Milesi, neveu de Sa Sainteté, m'informe que le Très-Saint Père a bien voulu, selon ma demande, m'accorder sa bénédiction apostolique, ainsi qu'aux membres de ma famille et à tous nos bienfaiteurs.

Diocèse de Beauvais — Commune de Plainville

— Oise —

Reconstruction de l'Église paroissiale de cette Commune sous l'Épiscopat de Monseigneur † Jos-Arm. Évêque de Beauvais, Noyon et Senlis, et par les soins de Mr l'Abbé L. Sterlin, aidé du pieux et sympathique concours de ses amis et souscripteurs.

Dessins à l'appui du 1er Compte-rendu de la marche de l'Œuvre.

Plainville, le 29 7bre 1866, jour de la Fête de St Michel, patron.

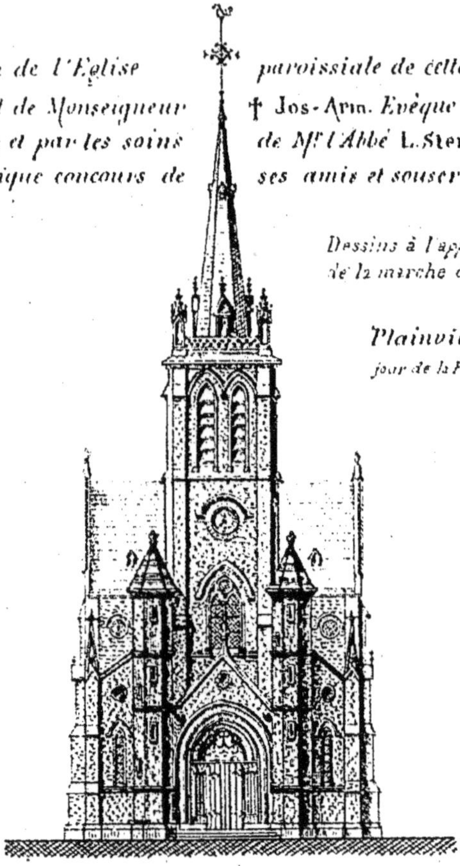

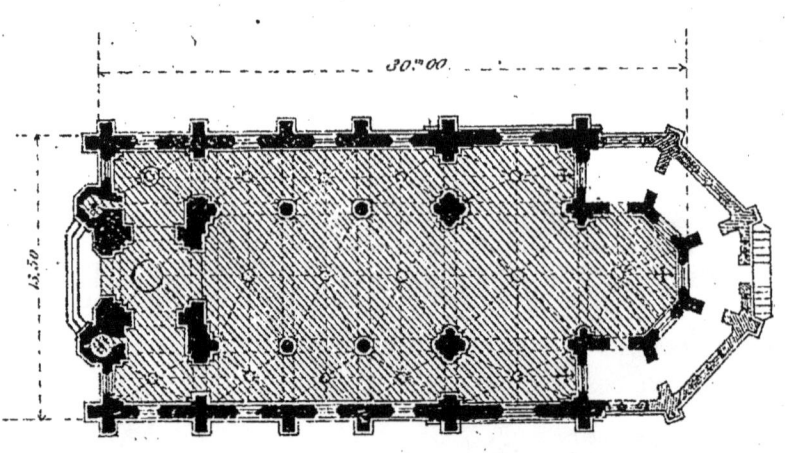

J. Herbault, del. Arch. – Amiens.   Lith. Lemer aîné, Amiens.

ŒUVRE DE SAINT MICHEL

SOUS LE

HAUT PATRONAGE DE SA GRANDEUR

Monseigneur Joseph-Armand GIGNOUX,

ÉVÊQUE DE BEAUVAIS, NOYON & SENLIS.

1er Compte-Rendu du progrès de l'Œuvre.

Le 24 Avril de cette année (1866), la population de Plainville, ordinairement fort calme, était tout en émoi. Dès la veille, à la chûte du jour, le raisonnement du tambour s'était allié aux joyeuses volées de la cloche pour annoncer aux sapeurs-pompiers d'avoir à préparer leurs uniformes, et à tous les habitants leurs habits de fête.

Le soleil lui-même semblait vouloir embellir la fête et inviter les habitants des communes voisines à profiter de son éclat printanier pour venir à Plainville partager la joie générale.

De grand matin, mes bons paroissiens étaient à l'œuvre, qui avec une pioche, qui avec une bêche, pour préparer la voie qui conduit de l'ancienne Eglise sur le terrain de la nouvelle, dont les fondations venaient d'être faites jusqu'au niveau du sol.

Ce jour-là, M. l'abbé Millière, vicaire-général de Beauvais, venait, au nom de Monseigneur, bénir et poser solennellement la première pierre de l'Eglise de Plainville.

Après la messe solennelle, chantée par M. le doyen de Breteuil, la procession se rendit sur l'emplacement de la nouvelle Eglise. Là, M. l'abbé Millière édifia l'assemblée nombreuse des fidèles, en développant dans un langage éloquent et simple à la fois cette pensée que l'Eglise matérielle, comme la société fondée par Jésus-Christ, la sainte Eglise catholique, tendaient l'une et l'autre, et l'une avec l'autre vers un but commun, la formation dans notre âme de cet édifice spirituel dont parle St.-Paul : *Dei ædificatio estis.*

Pour construire l'Eglise matérielle les arts se prêtent la main. La sculpture découpe et fouille les pierres, et sous le ciseau de l'artiste elles deviennent autant de voix muettes, mais éloquentes pour porter nos cœurs par l'agrément des yeux vers l'auteur de tout don parfait. Nos regards aiment à s'arrêter sur les chefs-d'œuvre de peinture qui nous redisent sur le verre ou sur la toile l'histoire de la religion, Dieu et nos fins dernières.

La société fondée par Jésus-Christ, l'Eglise catholique, par ses sublimes enseignements, son dogme, sa morale, ses sacrements ; par toute sa doctrine, jette dans notre âme une semence qui, fécondée par la prière et la grâce, forme en nous cet édifice spirituel qui assurera notre bonheur.

Dans ces trois œuvres c'est toujours de Jésus-Christ que l'on part, à Jésus-Christ que l'on aboutit, Jésus-Christ étant le fondement, *fundamentum aliud, etc.* Jésus-Christ donnant le développement, *incrementum dat Deus,* Jésus-Christ étant le couronnement des trois édifices. *Principium et finis, alpha et omega.*

Il m'a fallu quatre années de labeurs incessants, avant de voir l'OEuvre de Saint-Michel couronné d'un commencement de succès. Je suis encore loin du but, comme j'ai l'honneur de vous le dire dans ce compte-rendu. Tous, chers bienfaiteurs, vous désirez depuis long-temps savoir ce qui a été fait jusqu'ici, et ce qui reste encore à faire. Après la pose de la première pierre, des occupations nombreuses m'ont empêché de trouver assez de temps pour répondre à vos légitimes désirs.

C'est à votre bonté que nous devons un jour dont le souvenir vivra longtemps dans la population de Plainville, et c'est grâce à votre générosité qu'elle va posséder une Eglise qui redira aux siècles futurs combien ce siècle a compté d'âmes pieuses, dont le sympathique concours a aidé puissamment un pauvre Curé à relever les ruines de la maison de Dieu.

Aussi, qu'il me soit permis de témoigner toute ma reconnaissance à vous tous chers bienfaiteurs, qui de loin et de près (1), du Nord et du Midi, de l'Ouest à l'Est de notre chère France, avez daigné écouter la voix d'un inconnu.... vous connaissez si bien le Maître qu'il vous a été facile de reconnaître dans l'humble disciple, un ami qui vous tendait la main avec confiance, implorant de votre charité, les secours dont il avait besoin pour réédifier la maison de son Dieu.

Aujourd'hui, les hommes se construisent de superbes palais, et vous avez compris que le Seigneur des Seigneurs ne devait pas plus longtemps avoir une ruine.

Grâce à votre empressement, j'ai la satisfaction de voir l'Eglise dont je vous offre les vues principales, s'élever à côté de celle où réside encore notre adorable Sauveur. Comme il doit vous considérer avec amour le bon Jésus ! car il s'est présenté à vous en vous demandant un tabernacle, une demeure digne de sa majesté, et votre main a généreusement apporté une pierre au sanctuaire.

Aimables enfants dont j'ai ici les lettres si touchantes, vous qui, sous la direction de maîtres chrétiens, par les soins de bonnes et pieuses maîtresses, apprenez de bonne heure à compatir à la détresse de vos frères, c'est à Jésus que vous avez fait votre offrande, et Jésus le véritable ami de l'enfance, vous a déjà bénis depuis longtemps.

Sans doute, chers bienfaiteurs, vous seriez charmés, si l'occasion se présentait, de voir votre Eglise. Aussi permettez-moi, à titre de renseignements, de vous dire que pour venir à Plainville il faut s'arrêter sur la ligne du chemin de fer du Nord, à la gare de Breteuil; la distance à parcourir, (par une belle route), est de six kilomètres. Là, un accueil très-sympathique vous est réservé.

Oser concevoir un projet de reconstruction d'Eglise dans une très-pauvre paroisse, dépourvue de ressources communales, projet dont la dépense atteindra le chiffre de cinquante-cinq à soixante mille francs, sans avoir le premier centime, paraissait à beaucoup sinon de la folie, au moins une témérité

---

(1) Nous devons rendre un hommage tout particulier aux bienfaiteurs étrangers qui ont bien voulu répondre à notre appel. Nous avons tous le même Dieu, Français, Belges, Italiens, etc... Nos rares bienfaiteurs de ces pays l'ont compris, ils ont voulu nous le témoigner; qu'ils reçoivent l'hommage de notre reconnaissance.

par trop audacieuse et pour plusieurs vraiment impardonnable.

Cependant je n'ai pas craint d'affirmer que mon projet serait mené à bonne fin, parce que j'ai toujours compté sur le secours de Dieu, le concours de St.-Michel et l'appui de St.-Joseph; mes espérances ont un commencement de réalité.

Il serait injuste de m'attribuer tout le mérite de cette œuvre, je n'ai fait que donner suite à une idée conçue longtemps avant mon arrivée dans la paroisse, par M. l'abbé Merlu, curé de Plainville de 1837 à 1854.

Le pays était pauvre alors comme aujourd'hui. Ce digne prêtre pensait à donner à son Dieu une demeure plus digne de sa souveraine majesté. Mais une cruelle maladie et la mort sont venues paralyser tous ses efforts.

En mars 1862, je fus installé à Plainville, dans la pauvre Eglise dont je vous ai fait connaître le triste état. Lorque j'ai proposé à mes chers paroissiens de reconstruire l'Eglise, en réclamant tout d'abord leur concours, ces braves gens ont consulté leurs finances. Les bourses étaient par trop légères pour payer la dépense de toute une construction. Alors je n'ai pas hésité un instant sur le parti à prendre, et au mois d'octobre 1862, armé de toute ma confiance en la sainte Providence de Dieu, muni de la recommandation de notre Evêque bien-aimé, j'ai demandé à la vapeur de me conduire dans vos cités, et à St.-Michel de m'introduire dans vos demeures.

Aller de porte en porte tendre la main, recevoir quelquefois de mortifiants refus, et après une journée d'un rude labeur, demander à la prière la force de continuer le lendemain la tâche de la veille, telle a été ma vie pendant plus d'un an. Chaque semaine, devant rentrer pour les offices du Dimanche, il me fallait le soir, ou le lendemain d'un grand matin, reprendre ma course.

Cette vie si pénible m'a procuré le bonheur de connaître une partie de nos bienfaiteurs. Comme souvenir de mon passage, le plus souvent ils ont bien voulu accepter une petite image de St.-Michel; qu'ils reçoivent aujourd'hui mes remerciements bien sincères.

Les soins du ministère ne pouvaient s'accommoder longtemps de ce système. J'ai dû alors tenter une autre voie : celle de la publicité. Des flots de circulaires sont sortis du presbytère pour jeter à tous les coins de la France les cris de notre détresse.

Vous les avez entendus ces cris, ô vous chers bienfaiteurs! A la lecture de ma modeste circulaire, vous vous êtes sentis émus ; votre sympathie a été bien vite acquise au mendiant de Jésus-Christ, et vos charmantes et pieuses lettres sont venues m'apporter, avec une pierre pour le sanctuaire, de bien consolantes paroles. J'avais à y ajouter les paternels encouragements de Monseigneur l'Évêque de Beauvais, auquel revient tout le mérite de l'Œuvre, puisque tout a commencé, s'est continué et se continue sous sa bienveillante protection. J'ai eu aussi à me louer du sympathique concours de notre digne Sous-Préfet et de notre honorable Conseiller Général, et des sages conseils d'un véritable interprète de l'art chrétien, M. Herbault, architecte à Amiens.

Sur les feuillets du registre qui contient les noms de nos bienfaiteurs se rencontre le nom du riche donnant volontiers de son superflu, celui du pauvre prenant sur son nécessaire, celui du pieux négociant prélevant sur ses bénéfices la part de Dieu et des bonnes œuvres, celui de l'enfance retranchant sur ses friandises en faveur de Dieu et de St.-Michel.

Je viens de parler des pauvres, qu'il me soit permis de rendre témoignage à un certain nombre d'entr'eux dans la personne d'un pauvre aveugle prélevant le premier sou de chaque jour pour le sanctuaire de St.-Michel, et faisant une offrande de neuf francs.

De toutes les classes de la société, sont venues de petites ou de grosses pierres, un peu de sable, quelques briques et de bonnes paroles pour les cimenter.

Ames aux sentiments nobles et généreux, vous pensez peut-être que mes labeurs ont été couronnés d'un plein succès. Hélas! le nombre de nos bienfaiteurs est loin d'être considérable, et de répondre à mes démarches et à mes innombrables circulaires. L'encaissement n'a mis à ma disposition que 25,000 francs, avec lesquels je n'ai pas hésité à prendre à ma charge une construction qui coûtera, comme je vous l'ai dit plus haut, de cinquante-cinq à soixante mille francs. Est-ce témérité, chers bienfaiteurs, ou confiance? Je vous entends me répondre...: C'est confiance..., en Dieu d'abord, dont la Providence est inépuisable; en vous ensuite, ses bons économes.

J'ai confiance parce que tous vous me l'avez inspirée. J'espère et mon espérance ne sera pas vaine.

Les malheurs qui depuis quelque temps sont venus fondre sur la France par le choléra et les inondations, sont, au dire des personnes qui connaissent peu votre bon cœur, un obstacle invincible contre lequel je vais échouer. Vous aurez votre démenti, chrétiens de peu de foi. Il n'est pas possible que les vifs sentiments de sympathie dont je puis mettre les mille preuves sous vos yeux, restent aujourd'hui sans écho.

En vérité, chers bienfaiteurs, je ne sais comment vous exprimer toute ma reconnaissance; ma plume est impuissante à redire tout ce que mon cœur éprouve et a éprouvé de bonheur depuis que, chargé d'une œuvre aussi importante, vous vous êtes efforcés d'en alléger le fardeau par vos si bonnes lettres et vos si chaleureux encouragements.

Les épreuves n'ont pas manqué: De Paris et des départements on s'est plu à tourner en dérision mes efforts, et à me jeter l'insulte. Cependant loin de me décourager en lisant des lettres pleines de grossières injures couvertes du manteau de l'anonyme, j'ai marché, parce que je trouvais en vous la consolation, parce que tout ce tapage m'apparaissait comme le signe de la protection de Dieu.

Au moment où j'écris, la construction est commencée; la maçonnerie, dont la majeure partie est en briques, sera terminée avant la mauvaise saison (1866); nous espérons aussi avant cette époque monter la charpente et couvrir. Après il restera encore à faire le rejointoiement de la maçonnerie, le ravalement des pierres, les moulures, la sculpture, les voûtes en maçonnerie, l'enduit des murs à l'intérieur, la sacristie, et tout le mobilier à renouveler, etc, etc. N'est-ce pas, chers bienfaiteurs, que voici un beau programme? Comment le mettre à exécution?...

Les journaux irréligieux me font un grave reproche: celui d'offrir en échange de dons volontaires, des faveurs spirituelles, c'est-à-dire des Messes pour les bienfaiteurs. Ils me reprochent également *d'allécher* (c'est leur terme) les fidèles en promettant des estampes. La foi et la piété ont fait bonne justice de toutes ces railleries; et tous nos bienfaiteurs se sont empressés de profiter de la messe mensuelle dite 12 fois l'an, ordinairement le premier lundi du mois, laquelle sera célébrée jusqu'en 1884.

En faveur des fondateurs c'est-à-dire des bienfaiteurs, qui de leur propre bourse ont donné cinquante francs, comme en faveur de ceux qui par cotisation ont réuni la même somme, est instituée une messe par mois à perpétuité et dont la célébration commencera en janvier 1867. L'intention est appliquée au zélateur ou à la zélatrice qui a procuré cette offrande et à ses co-associés.

Vous pouvez donc, chers bienfaiteurs, vous qui avez déjà versé 2 fr., 5 fr., 10 fr., 20 francs plus ou moins, vous pouvez, dis-je, vous rappelant le montant de votre offrande, intéresser les membres de votre famille ou vos amis à ma chère œuvre et vous procurer ainsi à vous et aux vôtres le bienfait du saint sacrifice pour toujours. En envoyant votre offrande, je vous serai obligé de me rappeler votre versement, ou vos versements précédents, si faire se peut.

Quant à ceux qui ont déjà atteint ou dépassé le chiffre de cinquante francs, s'ils veulent me continuer leur sympatique concours qu'ils en soient bénis !

Aux nouveaux bienfaiteurs qui après avoir lu ces lignes jugeraient opportun de m'adresser une offrande de 2 fr., il sera envoyé une grande gravure de St-Michel, dont ils seront certainement satisfaits.

Ceux qui voudraient se mettre au rang des fondateurs jouiront des avantages énoncés plus haut.

Enfin, chers bienfaiteurs, avant de terminer ce compte-rendu, permettez-moi de vous signaler et de recommander à votre piété d'excellentes pratiques de dévotions, dont l'usage sera profitable à vous et à vos chers défunts.

Dans la nouvelle Église de Plainville sera érigée l'archiconfrérie de St-Michel-Archangé, affiliée à celle de Bordeaux. Nous avons les lettres d'affiliation et nous attendons l'érection canonique le jour de la consécration de l'Église (1).

(1) Toute personne qui désirera faire partie de l'Archiconfrérie de St.-Michel de Plainville, devra m'envoyer ses noms et prénoms. Pour se procurer les médailles de l'Archiconfrérie, et les chapelets de St.-Michel, on pourra s'adresser à Mlle Nobécourt, à Plainville comme il est dit plus bas.

Cette Archiconfrérie, enrichie de nombreuses indulgences par un bref de sa Sainteté Pie IX en date du 2 septembre 1859 et par un second du 2 février 1860, a pour but :

De prier Saint Michel pour obtenir de Dieu : 1° Le triomphe de la Divinité de J.-C. ; — 2° des gloires de Marie Immaculée ; — 3° et l'exaltation de la sainte Eglise.

Pour encourager les Fidèles à s'associer à l'Archiconfrérie et à s'enrôler sous la bannière du glorieux Archange, protecteur du Peuple de Dieu et défenseur de la sainte Eglise, le Souverain Pontife a daigné accorder à ceux qui en feront partie :

1° Une Indulgence plénière, le jour de la réception dans l'Archiconfrérie ;

2° Une Indulgence plénière, le jour de la Fête de l'Apparition de saint Michel Archange, (8 Mai) ;

3° — de la Dédicace de saint Michel Archange, (29 Sept.) ;

4° — de l'Immaculée Conception, (8 Décembre) ;

5° — des saints Apôtres Pierre et Paul, (29 Juin) ;

6° — des saints Anges Gardiens, (2 Octobre) ;

A la condition de se confesser, de communier et de visiter l'Eglise de Saint-Michel, soit la veille, soit le jour de ces fêtes, et d'y prier pour la paix entre les princes chrétiens, pour l'exaltation de la sainte Eglise, et l'extirpation des hérésies.

7° Indulgence plénière à l'heure de la mort, à la seule condition, qu'avec un cœur vraiment contrit, on invoque de cœur, sinon de bouche, le Nom de Jésus.

Indulgence de 7 ans et de 7 quarantaines, aux Fêtes :

1° De saint Gabriel, (18 Mars) ; — 2° De saint Raphael, (24 Octobre) ; — 3° De sainte Catherine, (25 Novembre) ; — 4° Le Dimanche dans l'octave de l'Épiphanie.

Indulgence de soixante jours :

1° Toutes les fois qu'on assistera à un Office, Prière publique ou procession du Très-Saint Sacrement, dans l'Eglise Saint Michel ;

2° Toutes les fois qu'on accompagnera le saint Viatique chez les malades, ou qu'on récitera, quand on ne pourra le suivre, un *Pater* et un *Ave* pour les malades ;

3° Toutes les fois qu'on récitera cinq *Pater* et cinq *Ave*, pour les Confrères défunts.

Enfin, pour toute action, toute parole, offertes à Dieu, dans le but de l'Archiconfrérie.

Outre ces indulgences tout bon chrétien qui a vraiment à cœur son salut, peut encore en gagner beaucoup par la récitation du chapelet ou Couronne angélique en l'honneur du glorieux saint Michel.

L'importance de ce pieux exercice et la faveur avec laquelle l'accueille le glorieux saint Michel, n'ont pas besoin d'autres preuves que les rescrits suivants de notre Saint-Père le Pape :

INDULGENCES

Accordées par S. S. Pie IX à la pratique de la Couronne angélique et publiées dans le décret suivant, de la sainte Congrégation des Rites.

Selon la tradition des siècles antérieurs à nous, l'archange saint Michel, prince de la milice céleste, déclara à une pieuse femme, qui avait l'usage de l'honorer chaque jour de certains actes de piété, qu'il aurait pour agréable une prière spéciale en son honneur et en celui de tous les anges du ciel; que la récompense de cette dévotion serait un secours prompt et efficace dans tous les besoins publics, spécialement dans ceux de l'Eglise catholique dont il est le protecteur vigilant, comme il l'était autrefois de la Synagogue juive. Ce fut cette tradition qui rendit si chère cette pieuse pratique à une carmélite du monastère de Vétralla, au diocèse de Viterbe, morte en odeur de sainteté en 1751, à la suite d'affreuses douleurs causées par de nombreuses infirmités et supportées par elle pendant grand nombre d'années avec une patience héroïque et, depuis lors, cette pratique s'est maintenue jusqu'aujourd'hui dans ce même monastère au grand avantage des religieuses. Quelques-unes d'entre elles, désireuses de faire profiter les fidèles, des biens spirituels dont elles étaient déjà en possession, supplièrent Sa Sainteté Pie IX d'accorder à quiconque pratiquera avec piété l'exercice de la Couronne Angélique, les indulgences suivantes :

1° Sept ans et quarantaines, chaque fois qu'on récitera la Couronne Angélique.

2° Cent jours pour chaque jour qu'on porte sur soi la susdite

Couronne, ou seulement qu'on baise la médaille des saints Anges qui y est fixée.

3° Indulgence plénière, une fois par mois, si on récite la Couronne tous les jours, à la condition de se confesser, de communier et de prier spécialement pour l'exaltation de la sainte Eglise et la conservation du Souverain-Pontife.

4° Indulgence plénière, en outre, aux conditions ci-dessus énoncées : 1° le jour de l'apparition de saint Michel, 8 mai ; 2° le jour de la dédicace de saint Michel, 29 septembre ; 3° le jour de saint Gabriel, archange, 18 mars ; celui de saint Raphaël, 24 octobre ; 5° celui des saints Anges gardiens, 2 octobre.

Sa Sainteté, après avoir entendu, dans son audience, ces demandes faites par moi soussigné, signataire, et prenant en considération d'autres circonstances particulières qui touchèrent son cœur, daigna, par faveur spéciale, concéder le tout, conformément à la supplique, et commanda en conséquence qu'il fût promulgué, sans l'expédition d'aucun bref, par le ministère de la Sacrée Congrégation des Rites, un décret pour la concession des susdites indulgences en faveur de quiconque récitera la Couronne angélique, avec faculté spéciale au confesseur temporaire du monastère de Vétralla, de bénir les couronnes suivant le rit accoutumé de l'Eglise. Nonobstant, etc.....

Le 8 du mois d'août 1851

L. C. LAMBRUSCHINI, *Préfet.*

G. C. FATALI, *Secrétaire de la S. C. des rites.*

Les susdites indulgences sont toutes applicables aux âmes du Purgatoire, comme il consiste par le rescrit suivant :

En audience de sa Sainteté, 25 *Novembre* 1851.

Sa Sainteté, Pie a IX déclaré qu'on pouvait aussi appliquer aux âmes du purgatoire les indulgences, tant plénières que partielles, concédées en conformité de la supplique dans le décret de la Sacrée Congrégation des Rites, le 8 août 1851. Le présent rescrit est valide à tout jamais sans expédition d'aucun bref.

Donné à Rome, à la secrétairie de la Sacrée Congrégation des Indulgences.

Card. ASQUINI, *Préfet.*

COLOMBO, *Secrétaire.*

DÉCRET

Sa Sainteté Pie IX, S. P., dans un décret de Cette Sacrée Congrégation des Rites, publié le 8 août 1851, pour l'approbation de la Couronne angélique, ayant concédé aux fidèles qui la réciteraient des indulgences tant plénières que partielles, et ayant de plus déclaré, dans un décret sus-mentionné de la Sacrée Congrégation des Indulgences, qu'elles seraient aussi applicables aux âmes du Purgatoire; les Carmélites du monastère de la ville de Vétralla, au diocèse de Viterbe, désirant que les fidèles qui ne peuvent lire participassent aux biens spirituels de ces indulgences, en récitant seulement les *Pater* et les *Ave* en nombre assigné dans la formule de la Couronne angélique, et en remplissant toutes les autres conditions exprimées dans le double décret, renouvelèrent à Sa Sainteté leurs humbles supplications pour l'extension des indulgences aux fidèles mêmes qui ne savent pas lire. Sa Sainteté, en audience particulière donnée à moi soussigné, secrétaire, daigna par faveur spéciale, accorder la supplique dans les termes de son exposé, à la condition de remplir toutes les autres obligations prescrites pour gagner les susdites indulgences. Nonobstant, etc,

Le 8 septembre 1852.

A. C. LAMBRUSCHINI, *Préfet de la S. C. des Rites.*
D. GIGLI, *Pro-Secrét. de la S. C. des Rites.*

Pour se procurer ce chapelet, il faut s'adresser à Mlle Nobécourt, ancienne institutrice à Plainville, dont vous trouverez la circulaire sous ce pli. Avec chaque chapelet on enverra la formule de récitation.

Vous pourrez vous procurer à la même adresse un autre chapelet très-court et très-riche en indulgences, dit *Chapelet des Morts*. Ce chapelet est celui adopté par l'Archiconfrérie de Notre-Dame du Suffrage de Nimes.

Plusieurs de nos bienfaiteurs ont pu se plaindre de ma lenteur à répondre à leurs envois, je les prie d'agréer mes excuses, elles sont fondées sur mes nombreuses occupations. Parfois aussi des réponses auront fait fausse route (1). Enfin je ne puis que réclamer leur indulgence.

(1) Parfois les adresses n'étaient pas très-lisibles. Je prie donc nos chers Bienfaiteurs de veiller sur ce point.

Dans le nombre des offrandes faites en timbres-poste, il en est qui ne sont jamais arrivées ; aussi, chers Bienfaiteurs, permettez-moi de vous indiquer une voie très-sûre et très-facile pour me faire parvenir vos offrandes, si cet exposé de ma situation vous paraît digne de votre pieux intérêt. Demandez au facteur qui vous dessert, un mandat de poste de la somme que vous voulez envoyer, cet agent ne vous refusera pas, et moyennant un centime par franc pour frais vous aurez la certitude que votre argent arrivera à destination (1).

Tout Bienfaiteur-Fondateur qui voudrait faire un versement de 50 francs par fractions et à diverses époques, peut adopter ce mode, en faire mention dans son premier envoi, et rappeler successivement les sommes versées antérieurement.

Enfin, chers Bienfaiteurs, que Dieu daigne vous bénir vous et vos familles ! Qu'il nous bénisse tous, nous et nos œuvres, et que St.-Michel, pour l'honneur de qui nous travaillons, soit un jour notre introducteur dans le séjour des Bienheureux !...

Recevez tous, chers Bienfaiteurs, l'hommage du respect, et l'expression de la vive reconnaissance avec lesquels

J'ai l'honneur d'être,
En Notre-Seigneur,
Votre tout-dévoué serviteur,

L. STERLIN.

Plainville le 29 septembre 1866, fête de St.-Michel, patron de la paroisse.

NOTA. — 1° Je recommande à votre bienveillant accueil la circulaire et le catalogue de Melle Nobécourt, qui vous arrive sous mon pli.

2° Lisez, s. v. p., la 2e et la 3e page de la couverture.

---

(1) Lorsque vous désirerez faire un envoi par mandat, il vous suffira de remettre au facteur le petit bulletin ci-joint que vous pourrez détacher de la brochure.

Amiens. — Imp. LEMER aîné, place Périgord, 3.

Prière à M. le facteur de prendre au bureau de poste un mandat pour envoi de la somme de.... fr..... c. net, à l'ordre de M. STERLIN, curé de Plainville, par le Mesnil-St.-Firmin (Oise).

LOTERIE.

Pour me procurer une partie des fonds qui me manquent, et spécialement pour me faciliter l'acquisition du mobilier, j'organise une Loterie.

Madame la Vicomtesse DE PLANCY et Madame D'HAUDICOURT DE TARTIGNY ont bien voulu en accepter le patronage.

Cette loterie est de 20,000 billets à 0,50 c^{es} chacun, divisés en séries de 20 billets. Un lot est affecté à chaque série ; il y aura donc un numéro gagnant sur 20, et par conséquent 1,000 numéros gagnants.

Toute personne qui prendra une série de 20 billets pour 10 fr. sera certaine de gagner un lot. On pourra demander un seul billet aussi bien que plusieurs assortis de diverses séries.

Une grande question à résoudre est celle des lots à se procurer. J'ai pensé, chers Bienfaiteurs, que vous pourriez m'aider puissamment à trouver la solution du problème suivant :

Comment une Loterie étant organisée, M. le Curé de Plainville pourra-t-il se procurer des lots sans les payer?

. . . .

Je vous laisse le plaisir de trouver la réponse et de m'en faire part.

Comme lots j'accepte tout objet quelque soit sa valeur. Ceci soit dit pour ceux d'entre vous, chers Bienfaiteurs, qui pourront, sans sacrifice nouveau, résoudre mon problème.

Je me permets de rappeler que Plainville est desservi par la gare de Breteuil, chemin de fer du Nord, et par le bureau de poste de Mesnil-St.-Firmin (Oise.)

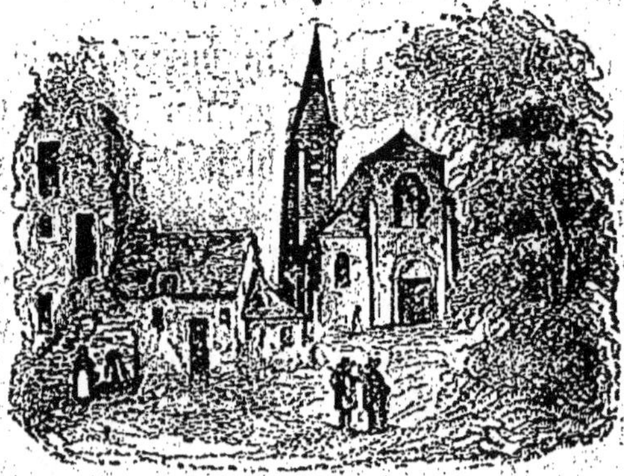

www.ingramcontent.com/pod-product-compliance
Lightning Source LLC
Chambersburg PA
CBHW071434060426
42450CB00009BA/2165